Pour Alan
M. P.

Pour Megan
J. M.

Garantie de l'éditeur
Malgré tous les soins apportés à sa fabrication, il est malheureusement possible que cet ouvrage comporte un défaut d'impression ou de façonnage. Dans ce cas, il vous sera échangé sans frais. Veuillez à cet effet le rapporter au libraire qui vous l'a vendu ou nous écrire à l'adresse ci-dessous en nous précisant la nature du défaut constaté. Dans l'un ou l'autre cas, il sera immédiatement fait droit à votre réclamation.
Librairie Gründ – 60, rue Mazarine – 75006 Paris.

Texte original de Maggie Pearson.
Adaptation française de Didier Debord.
Illustrations de Joanne Moss.
Secrétariat d'édition : Sylvie Patry.
Première édition française 1997 par Librairie Gründ, Paris.

ISBN : 2-7000-4295-6
Dépôt légal : août 1997.

Édition originale 1997 par Magi Publications
sous le titre original : *Tales from near and far.*

Photocomposition et mise en pages : Anthos.
Texte composé en Garamond, titre en Medici Script.
Imprimé à Hong Kong.

Loi n° 49-956 du 16 juillet 1949 sur les publications destinées à la jeunesse.

Contes autour du monde

Racontés par Maggie Pearson

Adaptés par Didier Debord

Illustrations de Joanne Moss

Gründ

Préface

Les hommes ont toujours aimé inventer des histoires merveilleuses où le surnaturel se mêle au quotidien. Dans les sociétés traditionnelles, les contes, racontés au coin du feu au moment de la veillée, ou devant les autres membres du village, jouaient un rôle primordial. Le conteur, à la fois sage et magicien, était un personnage important.

De nos jours, les enfants aiment toujours les belles histoires qui peuplent l'univers de créatures imaginaires. Un monde où un petit garçon vole sur les ailes d'un corbeau, où un roi prend conseil auprès d'une enfant.

Certaines histoires se retrouvent dans des cultures très diverses, comme les récits de déluge parce que les inondations se répètent dans le temps et concernent de nombreuses parties du monde. Les Africains, qui ont introduit aux Caraïbes les aventures d'Anansi, ont dû être surpris d'entendre les colons français raconter des histoires similaires, comme celle de Goupil le Renard.

Quand j'étais enfant, l'heure du coucher était un moment magique, car alors mon père, qui était un formidable conteur, venait me raconter une histoire. Jamais, il ne la racontait de la même manière. À mon tour, j'aimerais vous faire partager ce bonheur sans cesse renouvelé. Il y a mille façons de raconter un conte et mille manières de l'écouter.

J'ai voulu vous narrer des histoires venues du monde entier. J'ai délibérément évité celles que nous connaissons tous comme *Cendrillon* ou *La Belle au bois dormant*, pour vous entraîner en Irlande, au Canada ou au Japon. Peut-être connaissez-vous déjà l'histoire du joueur de flûte de Hameln ou celle d'Anansi, mais savez-vous comment un jour, en Inde, une fillette inventa les chaussures, ou pourquoi une tribu d'Indiens d'Amérique fut transformée en serpents ?

Sommaire

Le visage dans le miroir *(Chine)* 9

L'enfant de neige *(Russie)* 12

Anansi et l'épouvantail *(Antilles)* 17

Le joueur de flûte de Hameln *(Allemagne)* 22

Le champ de jacobées *(Irlande)* 28

Le petit garçon et le dauphin *(Canada)* 33

La maladie d'Ali *(Arabie)* 38

Le déluge *(Indiens d'Amérique)* 43

Le gros chat blanc *(Scandinavie)* 48

La soupe aux cailloux *(Angleterre)* 53

Le plus petit garçon du monde *(Japon)* 58

Le roi aux pieds sales *(Inde)* 64

Le renard et le coq *(France)* 69

La chanson d'Hinemoa *(Nouvelle-Zélande)* 74

Le visage dans le miroir

Chine

Il était une fois, il y a fort longtemps de cela, un homme qui possédait le seul miroir au monde. Je ne saurais dire d'où lui venait ce miroir, mais ce que je sais, c'est que depuis qu'il l'avait, notre homme était malheureux. Son miroir ne cessait de lui mentir, de prétendre qu'il vieillissait. Or l'homme savait que ce n'était pas vrai. Certes, il voyait ses amis vieillir, mais lui, il savait qu'il restait le jeune homme qu'il avait toujours été.

Pourtant, chaque fois qu'il se regardait dans le miroir, celui-ci se faisait un malin plaisir de lui dévoiler une nouvelle ride ou un nouveau cheveu gris.

L'homme enferma alors le miroir dans un vieux coffre en étain et ne s'y regarda plus jamais. Mais cela ne l'empêcha pas de vieillir, et un jour, le vieillard qu'il était devenu mourut.

Quelques jours plus tard, en mettant de l'ordre dans les affaires de son père, le fils découvrit le vieux coffre en étain et l'ouvrit.

Et que vit-il ?

– Un portrait de mon père alors qu'il était un tout jeune homme ! s'exclama le jeune homme.

Le père sur le portrait avait l'air aussi surpris que le fils.

– Comme mon père me manque, soupira le jeune homme tristement en regardant le portrait.

Il n'en crut pas ses yeux. Son père partageait maintenant sa profonde tristesse.

– On dirait qu'il va pleurer, s'exclama le fils.

Il revint souvent contempler ainsi le portrait de son père, qui, fidèlement, partageait ses émois, ses sourires, ses larmes et ses rêves.
Le jeune homme garda jalousement son secret. Il n'en dit rien à sa femme qui n'aurait pu s'empêcher d'en parler à sa mère. Toute la ville aurait été alors au courant et aurait voulu voir le portrait de son père.
Mais un jour, sa femme le surprit.
– Qu'est-ce que c'est ? demanda-t-elle.
– Ce n'est qu'un portrait de mon père alors qu'il était un tout jeune homme. Ne cherche jamais à le voir ! répondit-il en fermant le couvercle.
Pourtant, un jour, alors que son mari était parti, la jeune femme souleva le couvercle du vieux coffre en étain.
Et que vit-elle ?
– Oh, s'écria-t-elle. Le portrait d'une jeune femme !
Elle éclata en sanglots et sa mère, inquiète, se précipita dans la pièce.
– Il est amoureux d'une autre femme ! se lamenta la jeune femme.
– Mais que racontes-tu là !
– Il garde son portrait, là, dans ce vieux coffre en étain.
La mère souleva lentement le couvercle du coffre.
Et que vit-elle ?
– Comment pourrait-il être amoureux d'une telle sorcière ? Elle est au moins aussi âgée que moi ! s'écria-t-elle.
– Pourquoi me ment-il ainsi ? soupira la jeune femme. Il prétend que c'est un portrait de son père.
Le pauvre jeune homme ne se doutait pas de ce qui l'attendait quand il rentra à la maison. Sa femme et sa belle-mère se précipitèrent sur lui, l'assaillant de questions. Il lui fallut un certain temps avant de comprendre de quoi elles parlaient.

– Mais que me racontez-vous là ? s'exclama-t-il. Ce n'est qu'un portrait de mon père alors qu'il était encore un tout jeune homme.
– Comment peux-tu nous mentir ainsi alors que nous l'avons nous-mêmes vu ?
Et chacun leur tour, ils regardèrent dans le miroir.
– Jeune homme !
– Jeune femme !
– Vieille femme !
Chacun d'eux, persuadé d'avoir raison, criait sa vérité à pleine voix.
– Pourquoi tous ces cris ? demanda alors une douce voix.
Un vieil homme les regardait avec réprobation par la fenêtre.
– Croyez-vous que mon vieil ami serait fier de sa famille s'il vous entendait vous chamailler ainsi ?
– Vous qui êtes un vieil ami de mon père, s'exclama le jeune homme. Vous rappelez-vous son visage alors qu'il était encore un tout jeune homme ?
Le vieil homme se pencha au-dessus du vieux coffre en étain.
Et que vit-il ?
– Je reconnais bien là mon vieil ami, murmura-t-il en souriant. Mais il approchait déjà la fin de sa vie. Que de bons souvenirs ce portrait réveille-t-il en moi !
– Je vous l'offre, s'exclama le jeune homme. En souvenir de mon père.
– Oui, emportez-le, et le plus loin possible ! s'exclamèrent les femmes.
Le vieil homme emporta le miroir et jamais il ne le regretta. Que de jours heureux il passa ainsi à contempler son vieil ami qui partageait fidèlement avec lui ses émois, ses sourires, ses larmes et ses rêves !

L'enfant de neige

Russie

Par un beau jour d'hiver, Piotr eut l'idée de sculpter un enfant de neige. Il le fit par amour pour sa femme, Anna, car ils n'avaient pas d'enfants. Il fit une petite fille souriante, avec le nez retroussé et de petites fossettes au creux des joues. Le lendemain matin, il retourna voir l'enfant de neige, mais la fillette avait disparu. Il ne restait que des traces de pas dans la neige. Piotr les suivit jusqu'au village.

– Anna, viens voir ! appela-t-il en revenant, essoufflé, à la maison.

Ce que vit Anna remplit son cœur d'allégresse. L'enfant de neige jouait en riant dans la neige. Elle était en pleine bataille de boules de neige avec les enfants du village.

– C'est un vrai enfant, s'écria Anna. Notre enfant ! Faisons un grand repas pour fêter sa venue !

Elle appela l'enfant de neige.

– Rentre donc au chaud, et viens manger avec nous.

L'enfant de neige s'immobilisa sur le pas de la porte. Deux grosses larmes coulèrent sur ses joues.

– Je ne peux pas manger votre nourriture, dit-elle. Et si je rentre, je fondrai.

Piotr lui sculpta alors une chaise et une table de neige, puis il remplit une coupe de neige avec des fruits de neige et un verre de neige avec de la glace.

La nuit venue, l'enfant de neige se coucha dans son petit lit de neige. Piotr et Anna vinrent lui souhaiter une bonne nuit.

– M'aimez-vous ? leur demanda l'enfant de neige.
– Plus que tout au monde, répondirent Anna et Piotr.
– Alors, je reste avec vous !
Pendant tout l'hiver, l'enfant de neige joua avec les autres enfants. La fillette glissait sur le dos des collines avec l'aisance du vent, et dansait sur la glace avec la légèreté d'un flocon de neige.
À cache-cache, jamais personne ne la trouvait, tant elle se confondait avec la neige.
Un jour, les autres enfants crurent même qu'elle était partie et, lassés de la chercher, rentrèrent à la maison.
L'enfant de neige se retrouva toute seule dans la forêt.
« Comment retourner à la maison, pensa-t-elle. Par ici ? Ou plutôt par là ? »
Elle demanda à un oiseau.
– Sais-tu comment retourner à la maison ? Je me suis perdue.
– Maison ! pépia l'oiseau. Il s'éloigna en voletant, et elle le suivit dans les profondeurs de la forêt.
– Maison ! répéta l'oiseau en se posant sur une haute branche.
– C'est ta maison, s'exclama tristement l'enfant de neige. Pas la mienne.
Elle vit alors un lapin qui cherchait quelques racines sous la neige.
– Lapin, montre-moi le chemin de la maison.
Le lapin secoua ses grandes oreilles et s'éloigna à petits bonds, suivi de la fillette.
– Maison ! dit le lapin en se faufilant dans un trou à ras de terre.
– C'est ta maison, lapin. Pas la mienne. Qui pourrait me montrer le chemin pour retourner à ma maison ?
– Tu n'as qu'à me suivre, affirma le renard. Je pourrais aller chez Piotr les yeux fermés, rien qu'en suivant l'odeur de ses bonnes poules bien grasses.
– Alors, montre-moi le chemin, supplia l'enfant de neige.
– Que me donneras-tu pour cela ?

– Piotr et Anna m'aiment plus que tout au monde. Ils te donneront tout ce que tu leur demanderas.
– L'hiver a été rude, répondit le renard. Et j'ai faim. Je me satisferai de la plus dodue de leurs poules.
Ils se mirent en route vers la maison.
Quelle ne fut pas la joie de Piotr et Anna quand ils virent arriver l'enfant de neige ! Elle leur dit que le renard l'avait guidée jusqu'ici et qu'il attendait sa juste récompense, la plus dodue de leurs poules.
– Quel toupet ! s'exclama Anna.
– Après tout le mal que je me suis donné pour les protéger de lui ! renchérit Piotr.
Aussi décidèrent-ils en secret de mettre le chien dans un panier, caché sous un torchon. L'enfant de neige porta le panier au renard.
Le renard en avait déjà l'eau à la bouche en s'éloignant, et sa frayeur fut grande quand le chien, jappant et grognant, sauta du panier et le poursuivit jusqu'à la lisière de la forêt.
L'enfant de neige se mit à pleurer.
– N'aie pas peur, la rassura Anna. Le renard est parti, maintenant.
– Je croyais que vous m'aimiez plus que tout au monde, sanglota l'enfant de neige. Sans le renard, je me serais perdue dans la forêt et vous n'avez même pas voulu lui donner une poule pour le remercier de m'avoir ramenée à vous.
– Mais nous t'aimons !
– Moins que vos poules stupides ! s'écria l'enfant de neige. De grosses larmes coulèrent sur ses joues, creusant deux profonds sillons sur son visage attristé.
L'enfant de neige fondit en larmes de neige que le vent du soir emporta avec un soupir vers les ténèbres de la forêt.
Depuis, chaque hiver, Piotr sculpte une table et une chaise de neige. Mais jamais il ne refit un enfant de neige. Il n'y a qu'un enfant de neige.

Anna et Piotr l'écoutent parfois chanter dans le vent.
Ils la regardent parfois danser parmi les flocons de neige.
Ils l'entendent souvent frapper au carreau. Ils lui ouvrent leur porte, mais l'enfant de neige ne rentre jamais.
Pourtant, si elle revenait aujourd'hui, ils sauraient lui montrer leur amour. Car ils savent maintenant qu'ils l'aiment plus que leurs stupides poules si dodues. Plus que tout au monde.

Anansi et l'épouvantail

Antilles

Anansi est une fripouille, mais pas un fainéant. C'est un paysan et, toute la journée, il cultive son potager. Anansi bêche, pioche, désherbe et sème, tandis que sa femme et leurs enfants restent à la maison.

« Ce n'est pas juste, se dit-il un jour. Pourquoi dois-je travailler toute la journée, alors que ma femme reste à ne rien faire à la maison ? »

Si elle l'avait entendu, madame Anansi aurait certainement trouvé cinq minutes pour lui répondre. Et pourtant, sa journée est bien remplie car madame Anansi lave, fait la cuisine, coud, va chercher le bois et l'eau, et garde les enfants. Alors qu'Anansi, lui, ne fait que cultiver le potager.

« Sans toutes ces bouches à nourrir, pensait Anansi, je pourrais vendre tous mes légumes au marché. Alors je serais riche, je pourrais payer quelqu'un pour travailler à ma place, et à moi la belle vie ! »

Oui mais, comment se débarrasser de tout ce petit monde ?

Anansi avait plus d'un tour dans son sac.

Il avala une bonne poignée de poivre tant et si bien qu'il rentra ruisselant de sueur à la maison.

– Je ne me sens pas bien, dit-il à sa femme.

– Tu as trop travaillé au soleil, répondit-elle. Repose-toi jusqu'à l'heure du dîner.

Mais quand arriva l'heure du repas, et Dieu sait si cela sentait bon, Anansi gémit qu'il n'avait pas faim.

– Nos parts n'en seront que plus grosses, répondit sa femme en souriant.

Le lendemain matin, Anansi se couvrit le visage de cendre : il était d'une pâleur effrayante.

– Je ne me sens vraiment pas bien, insista-t-il. Je vais mourir.

L'odeur du petit déjeuner, puis celle du dîner envahirent tour à tour la petite case. Anansi refusa de manger et resta au lit.

– Pauvre de moi, gémit-il. Demain, c'est sûr, je serai mort !

Anansi aurait eu bien du mal à résister plus longtemps aux délicieux fumets de la cuisine de sa femme.

– Quand je serai mort, dit-il faiblement le lendemain matin, ne mettez pas mon corps dans la terre froide et hostile. Déposez-le dans le potager et recouvrez-le de branches. Puis partez au loin, fuyez cette terrible maladie qui me mène à la mort.

Anansi laissa échapper un râle et ferma les yeux.

Madame Anansi et ses enfants l'entendirent respirer une dernière fois, faiblement, puis ce fut le silence.

– Il est mort, dit madame Anansi. La petite famille en larmes déposa le corps d'Anansi au milieu du potager et le recouvrit de branches. Puis, comme l'avait conseillé ce père et mari attentionné, chacun prit ses maigres affaires et quitta le pays.

À peine sa famille partie, Anansi courut à la maison dans l'espoir d'y trouver encore quelque chose à manger. Il avala goulûment le reste de civet.

À partir de ce jour-là, Anansi dut faire la cuisine, laver, aller chercher le bois et l'eau.

Comme il ne devait plus nourrir sa famille, il avait plus de légumes à vendre. Il alla sur un marché très éloigné pour être sûr de ne pas y être reconnu. Le voyage était long, mais l'effort en valait bien la peine.

Une année passa et le négoce d'Anansi prospérait. Il en était tout autrement de sa famille qui vivait dans la misère.

« Les microbes de la maladie doivent avoir disparu maintenant, se dit madame Anansi. Je vais aller mettre des branches fraîches sur le corps de mon pauvre Anansi. »

Qu'elle ne fut pas sa surprise quand elle arriva à la maison ! Quelqu'un avait cultivé le potager ! Quelqu'un avait récolté les légumes et les avait portés au marché ! Madame Anansi allait montrer à ce voleur ce qu'il en coûtait de prendre la nourriture de ses enfants. Elle connaissait quelques pièges redoutables.

Elle fit un épouvantail avec de la paille, le recouvrit d'argile, l'enduisit de goudron et le disposa au beau milieu du potager.

Il était déjà tard quand Anansi, faisant joyeusement tinter l'argent du marché dans sa poche, arriva à la maison.

– Sors de là, cria-t-il à la silhouette au milieu du potager. Voleur !

La silhouette resta immobile. Elle ne bougea pas davantage quand Anansi s'approcha d'elle et la frappa au visage. Son poing droit resta collé dans le goudron.

– Lâche-moi, hurla Anansi en frappant à nouveau la silhouette.

Son poing gauche resta collé dans le goudron.

– Je vais te mettre dehors à grands coups de pieds dans le derrière !

Comme tout un chacun, Anansi n'avait que deux pieds. Le droit et le gauche. Qui restèrent tour à tour collés dans le goudron. Le pauvre n'eut pas plus de chance avec la tête. Qui resta collée dans le goudron.

Madame Anansi revint, le lendemain matin, cueillir son voleur de légumes. C'est alors qu'elle reconnut son époux.

– C'est bien fait pour toi. Tu n'aurais pas dû nous laisser mourir de faim.

– Et toi, pourquoi m'as-tu enterré sans être sûre et certaine que j'étais bien mort ?

Il fallut la force de tous les voisins pour décoller le pauvre Anansi. Mais à peine étaient-ils partis, que madame et monsieur Anansi s'étaient réconciliés.

Car Anansi en avait assez de faire la cuisine, d'aller chercher le bois et l'eau. Ses enfants lui avaient manqué. Quant à madame Anansi, elle savait déjà, bien avant son mariage, quel filou était son mari.

– La prochaine fois, le prévint-elle toutefois, je veillerai à ce que tu sois bien mort et je t'enterrerai trois mètres sous terre !

Le joueur de flûte de Hameln

Allemagne

Personne ne le vit arriver. On dit qu'il apparut dans un petit bruissement d'air. Personne ne le vit disparaître, vraisemblablement de la même façon qu'il était arrivé. Personne ne connut jamais son nom, aussi l'appela-t-on le joueur de flûte. Il portait toujours un manteau rouge et jaune et suspendait à son cou une étrange flûte sculptée.

Tout commença avec les rats. C'étaient de ces rats énormes, comme il y en a dans toutes les villes, quand ils sortent la nuit pour fouiller les tas d'immondices. Mais les rats de Hameln, une petite ville au bord de la Weser, envahissaient les rues en pleine journée comme s'ils étaient chez eux. On fermait les portes, ils rentraient par les fenêtres. On fermait les fenêtres, ils couraient le long des gouttières pour rentrer par les greniers. C'est peu dire que la population était exaspérée par cette invasion.

– Mais que fait donc le conseil municipal ?

– À quoi sont donc payés les conseillers ?

– À participer à des dîners grandioses et se promener en calèches de luxe, peut-être ?

C'est ainsi en effet qu'ils occupaient leur temps. Mais le pourraient-ils encore longtemps s'ils ne réussissaient pas très vite à débarrasser la ville de ses rats ? Ils avaient tout essayé : chasseurs de rats, mort-aux-rats, pièges à rats, chiens dressés et chats énormes, tout avait échoué. Autant vouloir vider la Weser à la petite cuillère.

Jusqu'au jour où l'un d'eux suggéra d'offrir une récompense.

– Une récompense ? s'interrogea le maire pensivement.
Il y eut dans la rue un bruissement d'air à peine perceptible.
– Une récompense ? répéta le maire à haute voix. Bonne idée ! Qu'un autre fasse le travail, et à nous la gloire, s'il le fait bien.
On frappa doucement à la porte. Avant que le maire ait eu seulement le temps de dire « Entrez ! », la porte s'ouvrit et un petit joueur de flûte entra dans la pièce.
– Ai-je bien entendu ? demanda-t-il d'une voix douce comme le bruit du vent dans les blés. On offre une récompense ?
– Oui, une récompense, reprit le maire du bout des lèvres.
– Pour vous débarrasser des rats ?
– En serais-tu capable ?
– Certainement.
– De tous les rats, jusqu'au dernier ?
– Il n'en restera plus un seul, affirma le joueur de flûte. Mais pour cela, je veux mille florins.
– Mille florins ! s'exclama le maire avec un grand sourire. Je donnerais même cinquante mille florins, s'il le fallait.
– Et vous ne me les donneriez pas une fois le travail accompli. Je ne veux que mille florins, mais pas un de moins.
– Tu auras tes mille florins, promit le maire.
Un sourire mystérieux au coin des lèvres, le joueur de flûte sortit nonchalamment dans la rue et porta la flûte à ses lèvres.
Une mélodie d'une tristesse infinie s'éleva au-dessus de la ville. De toutes parts, les passants s'immobilisèrent pour l'écouter. Ils entendirent alors un piétinement ponctué de petits couinements. Se faufilant sous les portes, émergeant des égoûts, sautant des toits dans leur peur d'être oubliés, des milliers de rats envahissaient les rues. Comme envoûtés par la musique, ils formèrent un cortège sans cesse grandissant derrière le joueur de flûte. Les yeux clos, la truffe frémissante, ils

semblaient attirés par la mélodie, comme si celle-ci les guidait vers la grande porte en fromage onctueux du paradis des rats.
Le joueur de flûte descendit sur la berge de la Weser, monta dans une barque et, sans cesser de jouer, gagna le milieu de la rivière.
Par vagues entières, les rats se jetèrent à l'eau pour le suivre. Et ils se noyèrent. La Weser les emporta au loin dans les remous du courant.
– Que l'on sonne les cloches pour fêter cet événement ! exulta le maire.
Mais qu'en était-il du petit joueur de flûte ? La main tendue, il attendait son dû.
– Ah oui ! Ta récompense, marmonna le maire. Nous avions dit cinquante florins, n'est-ce pas ?
– Vous vouliez m'en offrir cinquante mille, répondit doucement le joueur de flûte. Je n'en demande que mille, mais je les veux. Un marché est un marché.
– Je ne fais pas de marché avec les gens de ton espèce, se moqua le maire.
– Donnez-moi mes mille florins, sinon ma flûte pourrait vous faire entendre une tout autre mélodie ! répondit le joueur de flûte d'une voix calme.
Tellement calme que tous ceux qui l'entendirent souhaitèrent que le maire donnât l'argent au joueur de flûte pour s'en débarrasser.
– Tu ne me fais pas peur, répondit pourtant le maire. Et tu ne peux pas faire revenir les rats. Prends ces cinquante florins et disparais avant que je ne lâche les chiens.
– Gardez vos cinquante florins. Je n'en veux pas, répliqua le joueur de flûte en portant sa flûte à ses lèvres.
Une mélodie entraînante s'éleva soudain au-dessus de la ville. Une mélodie chargée de mille souvenirs d'enfance à demi oubliés. Délaissant leurs parents envoûtés par la musique, les enfants de Hameln se regroupèrent dans la rue. Ils babillaient et riaient. Le joueur de flûte se mit en route : alors, les enfants formèrent une farandole derrière lui. On tenta bien de les arrêter, mais rien n'y fit. Que l'on fermât les portes, et ils sortaient par les fenêtres. Qu'on les retînt de force et ils se libéraient

comme par enchantement et détalaient en riant. « Où allez-vous ? Restez là ! » criaient les adultes. Les enfants prenaient tout juste le temps de leur faire un petit signe de la main avant de disparaître dans le flot des enfants qui descendaient la rue en dansant. La main dans la main, ils parcoururent les rues de Hameln derrière le joueur de flûte et sortirent de la ville. La joyeuse farandole descendit les collines, traversa les forêts, ondula au travers des prairies au rythme joyeux de la mélodie qui s'éloignait de la ville. Puis le soleil descendit à l'horizon. Le ciel s'embrasa. Et ce fut le silence.

Les habitants eurent beau battre la campagne, inspecter chaque bosquet et scruter le sol avec angoisse, ils ne trouvèrent pas la moindre trace des enfants, si ce n'est un petit garçon paralysé qui pleurait à fendre l'âme au pied d'une montagne appelée la Koppelberg.

– Mais où sont donc les enfants ? lui demanda-t-on.

Le petit garçon montra la montagne et éclata en sanglots.

– De l'autre côté de la montagne ! Comment ont-ils pu gravir la montagne en si peu de temps ?

– Non, répondit le garçon entre deux sanglots. La montagne s'est ouverte devant eux et ils y sont entrés.

Il raconta alors la magnifique légende d'un pays mystérieux où tout le monde était jeune et où le soleil brillait toujours. On n'y connaissait pas la faim et tous les

enfants pouvaient marcher. Le petit garçon fondit en larmes en pensant à cette chance qu'il aurait eu de pouvoir enfin, lui aussi, marcher sur ses deux jambes.
Le maire de Hameln dépêcha tous ses messagers à la recherche du joueur de flûte. Il offrit même une forte récompense — cinquante mille florins, comme vous l'avez deviné — à quiconque ramènerait les enfants.
Mais jamais on ne retrouva les enfants, ni ce pays magique où les adultes ne pourront jamais aller. Même dans leurs rêves les plus fous.

Le champ de jacobées

Irlande

Si un jour en vous promenant dans la campagne, vous entendez comme des petits coups de marteau, regardez bien autour de vous. Ce peut être un pic-vert à la recherche de quelque insecte sous l'écorce d'un arbre, ou un oiseau brisant à petits coups de bec la coquille d'un escargot. Mais ce pourrait aussi être un de ces petits bonshommes qui, assis en tailleur sur le sol, fabriquent inlassablement des chaussures. Et s'il fabrique des chaussures dépareillées, vous pouvez en être sûr, ce petit homme est un lutin.

Ne vous éloignez surtout pas sur la pointe des pieds. Attrapez-le et ne le lâchez plus. Car quelque part, tout près de là, le lutin a enterré son trésor. Et s'il vous y amène, vous serez riche pour le restant de votre vie.

Pat sait cela mieux que quiconque. Car Pat est irlandais, et comme tous les Irlandais, son enfance a été bercée par les histoires de lutins. Mais Pat n'aurait jamais cru rencontrer un vrai lutin.

Pourtant, un jour, en rentrant chez lui, Pat entendit comme des petits coups de marteau.

Et que vit-il, là, à quelques pieds de lui ? Un lutin assis en tailleur sur le sol en train de fabriquer avec application des chaussures dépareillées.

Pat savait qu'il lui faudrait l'attraper, mais il savait aussi que les lutins étaient malins comme le renard et insaisissables comme l'anguille. Et que fit Pat ? Il prit le petit chapeau vert du lutin et l'enfouit au fond de sa poche. Car Pat savait que s'il est une chose à laquelle le lutin tient plus que tout au monde, c'est bien ce petit chapeau

vert qu'il porte sur sa tête été comme hiver, au travail comme dans ses jeux, et même au lit. Personne ne sait exactement pourquoi, mais c'est ainsi.
– Rends-moi mon chapeau. Voleur ! Mufle ! s'écria le lutin en frappant de toute la force de ses petits poings sur les genoux de Pat. Il aurait certainement bien aimé lui donner une gifle, mais sa petite taille ne le lui permettait pas. Rends-le-moi ou je te transforme en crapaud !
Pat savait très bien qu'il ne pourrait pas le faire et il se mit à rire.
– Du calme, répondit-il. Ou alors, je te jette dans la rivière ! Que me donneras-tu si je te rends ton chapeau.
– Je pourrais exaucer tes trois vœux les plus chers, suggéra le lutin.
Pat secoua la tête.
– J'ai beaucoup entendu parler de ces trois vœux que tu peux exaucer. De la bouche même de ceux qui regrettèrent, dès le premier vœu, d'en avoir formulé trois.
– Je suppose que tu en veux à mon trésor, maugréa le lutin.
– C'est cela même, répondit Pat.
– Et tu n'aurais pas honte de laisser mourir de faim et sans le sou un vieillard comme moi ? gémit le lutin.
– Que je sache, jamais un lutin n'est mort de faim, rétorqua Pat. Allez, montre-moi où tu as enterré ton trésor, et je te rendrai ton chapeau.
– Tu n'as pas de cœur, maugréa le lutin. Pourrais-tu au moins me rendre mon chapeau tout de suite, que je n'attrape pas des engelures aux oreilles ?
– Non, répondit Pat. Je n'ai peut-être pas de cœur, mais j'ai toute ma tête. Je t'ai attrapé loyalement, et j'ai mérité ma récompense : ton or !
Le lutin ramassa son travail en grommelant dans sa barbe et guida Pat de mauvaise grâce jusqu'à un champ de jacobées.

– Mon trésor est enfoui sous les jacobées, marmonna le lutin. Donne-moi mon chapeau, maintenant.
– Sous quel pied de jacobée ?
– Celui-ci.
– Tu me le jures ?
– Je te le jure, répondit le lutin.
Un lutin est roublard, mais un lutin n'est pas menteur.
– J'ai hâte de voir mon trésor, exulta Pat. Pourrais-tu me prêter une bêche ?
– Je suis cordonnier, pas jardinier, répondit sèchement le lutin. Tu peux aller te chercher une bêche, mais ne compte pas sur moi pour t'attendre ici. Rends-moi mon chapeau et je disparais à jamais de ta vie.
Pat dut convenir que c'était raisonnable. Mais un bon tiens vaut mieux que deux tu l'auras. Aussi Pat décida-t-il de nouer son mouchoir autour du pied de jacobée sous lequel gisait le trésor.
– Me promets-tu de ne pas toucher au mouchoir, ni au pied de jacobée, ni à tout ce qu'il y a en dessous ? demanda-t-il au lutin.
– Je te le promets, répondit le lutin.
Pat rendit son chapeau au lutin qui disparut sur le champ, puis il partit à grandes enjambées chercher une bêche. Quelle ne fut pas sa surprise quand il arriva, hors d'haleine, au champ de jacobées !
Le pied de jacobée était certes là, et le mouchoir flottait toujours dans le vent, mais, aussi loin que Pat pouvait voir, un, dix, cent, des milliers de mouchoirs flottaient dans le vent, chacun d'eux soigneusement noué autour d'une fleur de jacobée.
Dans sa hâte de trouver son trésor, Pat crut reconnaître le pied de jacobée que lui avait montré le lutin et il se mit à creuser fébrilement. Las, pas de trésor ! Il creusa

sous un deuxième, puis sous un troisième pied de jacobée, il creusa jusqu'à la tombée de la nuit et il creusait encore à la lueur de la lune, mais il ne trouva pas la moindre trace du trésor. Fatigué, Pat rentra alors à la maison.

Il revint le lendemain aux premiers rayons du soleil et tous les jours suivants. Mais chaque fois qu'il arrachait une fleur de jacobée, une autre fleur jaillissait comme par enchantement à côté de lui, un mouchoir noué autour de sa tige.

« Les lutins n'ont qu'une parole », se disait Pat. « Le trésor est donc bien enfoui dans le champ de jacobées. »

Aussi Pat chercha-t-il sans relâche son trésor jusqu'à la fin de sa très longue vie.

Jamais le champ de jacobées ne livra son trésor et il y est sûrement encore. Surtout, ne cherchez pas le trésor du lutin, car comme Pat, vous creuseriez jusqu'à la fin de votre vie.

Le petit garçon et le dauphin

Canada

Voici l'histoire d'un petit garçon. Un tout petit garçon ordinaire, sauf qu'il pouvait se transformer en lapin blanc sur la neige de la banquise ou en aiguille de pin sur la plus haute des branches. Mais surtout, il pouvait voler sur des ailes de corbeau et s'élever au-dessus de la campagne et de la mer. Personne ne se doutait de ses pouvoirs alors qu'il était encore un tout jeune enfant. Lui-même les découvrait jour après jour.

Quand il sculptait de petits poissons dans un os, ceux-ci frétillaient de la queue et s'éloignaient en nageant aussitôt qu'il les mettait à l'eau.

Un jour, alors qu'il taillait un petit canoë de bois, son oncle l'appela.

– Viens à la pêche avec moi, dit-il.

Le petit garçon le regarda avec méfiance. Tout dans le visage de son oncle lui rappelait un puissant ours gris qui dirait : « Viens que je te serre dans mes bras ! Que je te serre à t'en étouffer ! »

– J'arrive, répondit toutefois l'enfant en enfouissant le canoë sculpté dans une poche de sa pelisse.

En entendant cela, sa mère fut très inquiète.
– J'avais quatre fils, dit-elle à l'oncle. Trois sont déjà morts. Ramène-moi mon plus jeune fils vivant.
– Ces enfants étaient stupides et maladroits, répondit l'oncle en souriant au benjamin. Mais ce sourire découvrit des dents acérées de requin prêt à déchirer sa proie. Mais toi, tu es différent, n'est-ce pas ?
– Oui, je suis différent. N'aie pas peur, Mère, je serai bientôt de retour, acquiesça le petit garçon en montant dans le canoë qui s'éloigna lentement vers le large.
– Pourquoi as-tu tué mes frères ? demanda-t-il alors à son oncle.
– Comment sais-tu que je les ai tués ?
– Je le sais, lui répondit son neveu. Pourquoi les as-tu tués ?
– Je suppose que c'est dans ma nature, répondit l'oncle en haussant les épaules. Je hais les garçons. J'ai tué le premier d'un coup de massue parce qu'il était stupide. J'ai tué le deuxième d'un coup de harpon parce qu'il était fainéant. J'ai abandonné le troisième endormi sur la banquise, les ours l'ont dévoré. Quant à toi, tu poses trop de questions et je vais te donner en pâture aux poissons.
L'oncle saisit le petit garçon par sa pelisse et le jeta dans l'eau glaciale. Ses lourdes bottes entraînèrent l'enfant vers le fond. Il parvint à les enlever. Il ôta aussi son épaisse pelisse, mais il garda, il n'aurait su dire pourquoi, le petit canoë sculpté dans le creux de sa main.
Le petit garçon dut bientôt expirer. Les bulles d'air effleurèrent le petit canoë et celui-ci se mit à grandir. Plus l'enfant lâchait d'air, plus l'embarcation grandissait et devenait légère, entraînant le garçon jusqu'à la surface de l'eau. Le canoë était alors assez grand pour que l'enfant puisse s'y asseoir. Il n'avait pas de pagaies, mais le canoë avança comme par enchantement sur la crête des vagues.
– Avez-vous vu mon oncle ? demanda l'enfant aux mouettes.
– Il est parti dans cette direction, crièrent celles-ci.
– Avez-vous vu mon oncle ? demanda-t-il aux dauphins.
– Était-il armé d'un harpon ? interrogèrent les dauphins.

– Oui, ce ne peut être que lui, s'exclama-t-il. Est-il passé par ici ?
Sans un mot, les dauphins se glissèrent sous le bateau. Le petit garçon sentit un choc sourd et le canoë se brisa en deux, l'entraînant sous les eaux.
– Pourquoi avez-vous fait cela ? demanda rageusement l'enfant. Je ne vous ai jamais fait de mal !
À sa grande surprise, il constata qu'il pouvait respirer et parler sous l'eau. En silence, les dauphins le guidèrent jusqu'à un jeune animal qui gisait au fond de la mer, le flanc transpercé par un harpon.
– Ton oncle l'a blessé, dirent alors les dauphins. S'il meurt, tu mourras aussi. Ta vie contre la sienne : c'est notre marché.
Le petit garçon regarda pensivement le jeune animal mourant. Il pouvait certes donner la vie à des poissons taillés dans un os, mais pourrait-il ramener à la vie une créature au seuil de la mort ?
L'enfant était toutefois sûr d'une chose.
– Votre frère a besoin d'air, dit-il. Ramenez-le à l'air libre, sinon il mourra.
Les dauphins portèrent leur frère à la surface. Le petit garçon retira alors d'un coup sec le harpon et mit de la glace sur la blessure pour l'empêcher de saigner.
– Si tu meurs, murmura-t-il au jeune dauphin, je mourrai aussi. Et si je vis, je te promets que je poursuivrai mon oncle jusqu'à l'autre bout de la terre s'il le faut, mais je lui ferai regretter d'avoir voulu nous tuer, toi et moi. S'il te plaît, dauphin, reste en vie !
Sous ses doigts, le cœur du dauphin se mit à battre plus fort. Le petit garçon sut que le dauphin vivrait. Et lui aussi.

Il resta de longs jours avec les dauphins, il apprit leur langue et leur chant. Quand le jeune animal fut guéri, les dauphins ramenèrent le garçon vers la côte, tout près de son village. Ils le remercièrent.
– Si tu as besoin de nous, n'hésite pas à nous appeler et nous viendrons, lui promirent-ils.

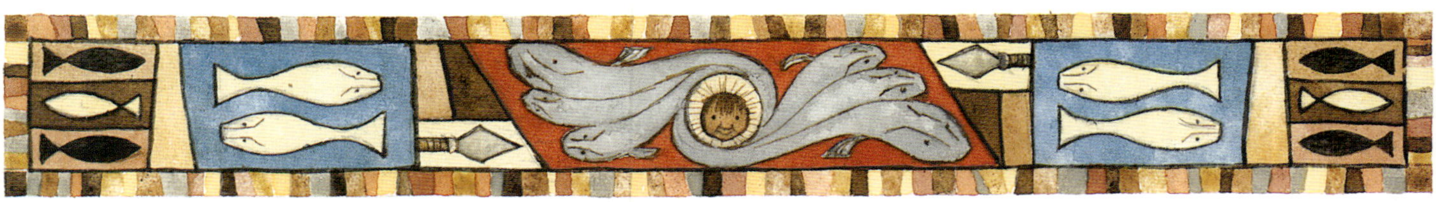

Ils firent claquer leur puissante queue sur l'eau en signe de salut et partirent vers le large en faisant de grands bonds au-dessus des vagues.

L'enfant retourna à son village sur des ailes de corbeau.

– Nous te croyions mort ! s'exclama sa mère au bord des larmes. Ton oncle nous a dit que tu étais tombé par-dessus bord.

– Il m'a poussé dans l'eau. Il a voulu me tuer comme il a tué mes frères.

L'oncle avait fui le plus loin possible la colère de son neveu. Il se cacha d'ailleurs longtemps, très longtemps, aussi longtemps qu'il vécut.

La maladie d'Ali

Arabie

Ali était un voleur, mais on ne saurait le lui reprocher vraiment. S'il était né fils de charpentier, Ali aurait certainement été lui-même un charpentier heureux. Mais dans la famille d'Ali, on était voleur de père en fils ; aussi Ali reprit-il l'affaire familiale. Celle-ci ne marchait d'ailleurs pas très bien. Les riches se barricadaient derrière des barreaux et des grilles, et ce qu'ils laissaient dehors n'avait pas grande valeur. L'été, toutefois, quand portes et fenêtres étaient grandes ouvertes pour laisser entrer la fraîcheur de la nuit, Ali avait plus de chance. Il se trouvait toujours une miche de pain ou quelques pièces de monnaie à portée de ses mains indiscrètes.

Une nuit, alors qu'Ali étendait le bras par une fenêtre dans l'espoir de dérober quelque objet de valeur, il entendit une vieille femme se lamenter.

– Pourquoi une vieille femme comme moi doit-elle tant souffrir ? Ce terrible gloup-gloup me fera mourir ! Gloup-gloup ! Terrible Gloup-gloup ! Je ne te survivrai pas une nuit de plus !

Le sang d'Ali se glaça dans ses veines. Gloup-gloup ! Que pouvait donc bien être cette terrible maladie ? Et surtout, comment s'attrapait-elle ?

« Peut-être même seulement en respirant le même air ! » pensa Ali effrayé. Ali sentit déjà une sueur froide couler le long de son dos. « Je ne suis resté ici que trop longtemps. »

Ali rentra à toutes jambes à la maison. Mais bientôt ses jambes refusèrent de le porter et, dans sa précipitation, il butait sur chaque caillou.

– Tu rentres de bien bonne heure, s'étonna sa femme. Qu'est-ce que tu nous ramènes de beau.

– Gloup-gloup ! Voilà ce que je ramène. Le terrible gloup-gloup ! Femme, va chercher le docteur. Je vais mourir !

Inquiète, sa femme courut chercher le docteur.

– Ali a attrapé le gloup-gloup, lui dit-elle. Est-ce grave, Docteur ?

La brave femme était persuadée que le docteur avait un remède contre toutes les maladies. Et le docteur se garda bien de lui dire qu'il n'avait jamais entendu parler de ce terrible gloup-gloup.

L'air soucieux, il regardait Ali tassé au fond de son lit.

« On dirait que c'est sérieux », pensa Ali. « Je vais mourir. »

– Voyons, voyons, dit le docteur, que cette nouvelle maladie intriguait. Où as-tu bien pu attraper cette... euh... ce gloup-gloup ?

– Dans la maison d'une vieille femme, répondit Ali. Je passai par hasard et sa fenêtre était ouverte. Je me suis dit que l'imprudente avait peut-être laissé traîner quelque objet de valeur. Il y a tant de voleurs, vous savez !

– Je sais, dit le docteur.

Ne lui avait-on pas, lui-même, volé une magnifique cafetière (encore pleine !) et une assiette de loukoums pas plus tard que la semaine précédente ?

Le docteur se rendit alors chez la vieille femme.

« Que faire ? » hésitait-il devant la fenêtre ouverte. « Dois-je rentrer ? Mais que se passera-t-il si j'attrape moi-même ce terrible gloup-gloup. Je pourrais même mourir ! »

– Oooh ! gémit alors la vieille femme à l'intérieur de la maison. Qui pourra un jour me délivrer de cette souffrance ? Je ne supporterai pas ce terrible gloup-gloup une minute de plus !

Elle aperçut tout à coup la silhouette à la fenêtre.

– Qui est là ? s'exclama-t-elle en se redressant d'un bond sur le lit. Vous n'avez pas honte de regarder comme ça la nuit chez une vieille femme. Vous auriez pu me faire mourir de peur !

« Elle n'a pas l'air trop malade ! » pensa le docteur rassuré.

– Je suis venu pour ce terrible gloup-gloup, dit-il.

– Vous êtes plombier ? demanda la vieille femme.

– Non, s'étonna le docteur. Je suis médecin.

– Que voulez-vous que je fasse d'un médecin, s'écria la vieille femme sèchement. Je ne suis pas malade !

– Vous n'êtes pas malade ! Ne souffrez-vous pas du terrible gloup-gloup ?

– Le terrible gloup-gloup ! Le terrible gloup-gloup ! s'exclama la vieille femme dans un grand éclat de rire. Le voilà votre terrible gloup-gloup !

Elle montra au docteur le robinet qui gouttait au-dessus de l'évier.

Gloup-gloup ! Gloup-gloup ! Gloup-gloup ! faisaient les gouttes en tombant dans l'évier.

– Pourriez-vous me guérir de cela, docteur ? se moqua la vieille femme.

Plus tard, quand il arriva chez Ali, le docteur trouva lui-même son idée saugrenue, mais qu'importe, il arborait à nouveau son air grave.

– Je peux te guérir de ce terrible gloup-gloup, dit-il sentencieusement à Ali. Mais ce ne sera pas facile.

– Pauvre de moi ! gémit Ali au fond de son lit.

– Mais si tu dois pour toujours rester un voleur, continua le docteur, je ferais peut-être mieux de te laisser mourir.

– Mais le vol est mon gagne-pain, se lamenta Ali. Je ne sais rien faire d'autre.

– Comme tu veux, Ali, reprit le docteur. Tu aurais peut-être mieux à faire que de mourir du terrible gloup-gloup.
– Je ne volerai plus, docteur. Je vous le promets.
Le docteur tendit un verre d'eau à Ali. Ali le but fébrilement.
– C'est un miracle, docteur, s'écria Ali en se levant d'un bond. Je me sens déjà mieux.
– C'est déjà bien, dit le docteur. Mais le vrai miracle serait que tu arrêtes de voler.
Et à sa grande surprise, Ali tint parole. Et savez-vous ce que fit Ali ? Il devint artisan. On le vit bientôt réparant ici, construisant là, et son nouveau métier plaisait beaucoup à Ali : il travaillait enfin à la lumière du jour, sans se cacher, et il rencontrait beaucoup de gens qui prenaient un grand plaisir à parler avec lui. En un rien de temps, Ali se fit beaucoup d'amis.
On dit que son premier travail fut de réparer un robinet qui fuyait chez une certaine vieille femme. C'est le docteur qui l'y avait envoyé.
Et si le docteur avait réellement un remède contre toutes les maladies ? Même contre le terrible gloup-gloup ?

Le déluge

Indiens d'Amérique

La Terre est notre mère. Elle nous nourrit. Elle nous protège. Elle nous entoure de toute sa beauté. On ne peut qu'aimer notre Mère la Terre. Mais que serait-elle sans notre Père le Ciel ? Il la réchauffe de ses rayons de soleil, il la rafraîchit de ses pluies.

Sans lui, elle ne serait qu'un désert aride.

Il est plus difficile d'aimer notre Père le Ciel. Il est si loin de nous.

Notre Père le Ciel était jaloux de notre Mère la Terre. Sa colère allait grandissant.

– Je vais leur montrer, à ces ingrats, ce que je fais pour eux, gronda-t-il.

Des jours, des semaines, des mois durant, il envoya sur la Terre ses plus ardents rayons de soleil. Les fleuves se tarirent, la terre se craquela. Les animaux se terraient dans les anfractuosités du sol pour se protéger de la chaleur.

Notre Mère la Terre monta voir notre Père le Ciel.

– Il devra bientôt pleuvoir, le supplia-t-elle. Sinon toute vie disparaîtra sur la Terre.

– Ils veulent de la pluie, tonna le Ciel. Je vais leur en donner. Je leur en donnerai plus qu'il n'en est jamais tombé depuis que le monde est monde !

– Mais alors, la terre entière sera inondée et toutes les créatures mourront, gémit la Terre.

– Et je ne les pleurerai pas, répondit le Ciel.

La Terre soupira : rien ne le ferait changer d'avis.

« Il ne pourra pas inonder la terre entière. Ni le sommet des collines, ni le flanc des

plus hautes montagnes », se rassura-t-elle. Et elle se prépara à affronter la tempête.
Elle raconta la terrible menace à toutes les créatures de la terre.
Le bison l'écouta, le loup, le coyote et le chien de prairie l'écoutèrent aussi. Tous les animaux l'écoutèrent et partirent se réfugier sur les plus hautes montagnes.
– Le déluge arrive, murmura-t-elle à l'oreille du chasseur. Prends ta famille et monte sur la plus haute montagne.
Mais le chasseur n'entendit que le bruissement du vent dans les herbes sèches.
– Le déluge arrive, murmura-t-elle à l'oreille de la femme qui cherchait des coquillages dans le lit presque sec d'une rivière. Prends ta famille et monte sur la plus haute montagne.
Mais la femme n'entendit que le murmure de l'eau entre les galets.
« Ils ne me comprennent pas », pensa notre Mère la Terre. « Ils ne comprennent plus que leur propre langage. »
Aussi décida-t-elle de se déguiser en une vieille, très vieille femme et de parcourir le monde pour prévenir les hommes de la terrible menace.
– Le déluge arrive. Fuyez vous réfugier sur la plus haute des montagnes, répétait-elle inlassablement dans chaque village.
Les gens l'écoutaient. Ils pliaient leurs tipis et leurs couvertures, emportaient leurs marmites et se mettaient en route vers la montagne la plus proche.
Notre Mère la Terre arriva un jour dans un village où les hommes dansaient en agitant des calebasses résonnant de centaines de petites graines et décorées de coquillages et de brindilles.
– La pluie arrive, leur dit-elle.
– Nous le savons, vieille folle. La pluie arrive parce que nous faisons la danse de la pluie.
– Cette fois-ci, il tombera plus de pluie qu'il n'en est jamais tombé depuis que le monde est monde, insista la Terre. Vous périrez tous noyés si vous n'allez pas vous réfugier sur la plus haute montagne.

Mais ils ne la crurent pas. Ils l'insultèrent, lui tirèrent la langue et la bousculèrent, tant et si bien que la pauvre femme tomba à terre. Alors les danseurs virevoltèrent si près de son visage en agitant leurs crécelles qu'ils le recouvrirent de sable.

– La pluie arrive, criaient-ils en imitant le bruit de la pluie. La pluie arrive parce que nous l'appelons avec notre danse de la pluie.

Notre Mère la Terre aime tous ses enfants, même les plus méchants, même ceux qui l'ont blessée. Aussi décida-t-elle de les sauver malgré eux.

Les danseurs continuaient leur ronde effrénée. Le corps luisant de sueur, ils frappaient le sol en cadence avec leurs pieds. Mais soudain leurs jambes faiblirent et refusèrent de les porter. Et bientôt leurs longs corps luisants se tortillèrent sur le sol, un sifflement strident s'échappant de leurs bouches. La Terre les avait transformés en serpents à sonnette.

Un à un, elle les ramassa, les enroula soigneusement autour de son bras, les déposa au fond de son panier et prit le chemin de la montagne. À peine était-elle arrivée au sommet que les premières gouttes de pluie se mirent à tomber.

Notre Père le Ciel tint parole. Le ciel s'assombrit, des éclairs zébrèrent le ciel, illuminant la campagne inondée. La prairie, puis les rochers, les bosquets et enfin la cime des plus hauts arbres disparurent bientôt sous les flots. Seuls les sommets des montagnes émergeaient des eaux.

Un jour, enfin, le Ciel décida que la punition avait été assez grande. La pluie cessa, l'eau se retira lentement. On vit d'abord la cime des plus hauts arbres, puis les bosquets, les rochers, et enfin la prairie. Le soleil sécha lentement la campagne et toutes les créatures reprirent possession de leurs habitations.

Toutes, sauf les serpents à sonnette. Dès que notre Mère la Terre les fit sortir de son panier, ils se faufilèrent, honteux et effrayés, dans l'ombre des plus profondes fissures, leurs longs corps luisants caressant avec reconnaissance leur Mère la Terre.

Depuis ce jour, ils lèvent parfois la tête avec inquiétude quand un nuage voile le soleil.

– S'il pleut, nous protégeras-tu, notre Mère la Terre ? demandent-ils dans un doux sifflement.

Notre Mère la Terre sourit. Comme toutes les mères, elle aime tous ses enfants. Même les plus méchants.

Le gros chat blanc

Scandinavie

Existe-t-il seulement des créatures plus terribles que les trolls ? Les grands trolls vous assènent un grand coup et s'assoient sur votre tête pour vous dire « Bonjour », et les petits sont pires encore. Si un jour vous rencontrez un troll, attirez-le vers le soleil, car, dès que les rayons du soleil le touchent, le troll se transforme en pierre. Mais cela, le troll le sait aussi, bien sûr.

Aussi les trolls vivent-ils dans le Grand Nord, là où les nuits d'hiver sont les plus longues. L'été, ils dorment dans des trous profonds, et ils ressortent dès les premières neiges, à la recherche de quelques mauvais coups à faire.

Il neigeait à gros flocons, ce jour-là, et Nils avançait péniblement dans la neige. Un gros ours polaire, aussi blanc que la neige, marchait derrière lui. Nils n'avait pas peur, car l'ours était son ami depuis le jour où il l'avait trouvé, encore ourson, perdu sur une banquise. Depuis, l'ours l'accompagnait dans tous ses voyages, même s'il était parfois difficile de trouver une chambre pour la nuit avec cet imposant, mais gentil compagnon.

La tempête de neige redoubla de violence et il leur fallait trouver un endroit pour la nuit. Nils aperçut au loin une auberge, mais quand il s'approcha, il vit que les volets étaient clos. L'aubergiste entassait ses bagages sur un traîneau et s'apprêtait à partir.

– Où vas-tu ? demanda Nils.

– Chercher une auberge où je puisse rester.

– Mais c'est une auberge, s'étonna Nils. Ton auberge. Pourquoi ne restes-tu pas ici ?
– Pas une nuit de plus, dit l'aubergiste effrayé. Et personne ne voudrait y rester.
– Eh ! bien, moi je reste, décida Nils.
– Comme tu voudras, dit l'aubergiste. Prends tes aises, je te la donne.
– Merci beaucoup, répondit Nils.
– Mais, ne viens pas dire que je ne t'ai pas prévenu, ajouta l'aubergiste. Et avant même que Nils ait pu lui demander de quoi il avait voulu le prévenir, l'aubergiste s'éloignait sur son traîneau.

Nils et l'ours rentrèrent dans l'auberge. C'était une auberge fort coquette, il y avait du bois pour faire du feu et le garde-manger regorgeait de victuailles. Ils se firent un copieux repas et s'installèrent confortablement devant la cheminée.
À peine l'ours s'était-il endormi que Nils entendit de drôles de bruits. Ce fut tout d'abord une sorte de grattement qui venait du mur, puis des coups frappés à la porte. Nils n'aurait su dire combien de fois il s'était levé pour ouvrir, mais jamais personne n'était rentré. Il y eut ensuite des bruits de pas dans les escaliers, puis des ricanements dans la cheminée. Et tout à coup, ils envahirent la pièce... les trolls !
Ils se glissaient sous la porte, sautaient des poutres, sortaient entre les lames du parquet ou se laissaient tomber du haut de la cheminée dans un petit nuage de

fumée. Ils brisèrent les assiettes et écrasèrent les restes du repas sur les murs. Puis ils escaladèrent le fauteuil de Nils, lui tirèrent les cheveux, lui tordirent le nez et le pincèrent aux endroits les plus douloureux. Ils lui mirent même une araignée dans le cou, et, quand il voulut se lever, Nils remarqua qu'ils avaient noué ses chaussures ensemble.

Nils tomba lourdement sur le sol. L'ours grogna dans son sommeil et se mit à ronfler.

– Qu'est-ce que c'est ? s'étonnèrent les trolls.

– Ce n'est qu'un chat, répondit Nils. Mais ne le réveillez pas, vous pourriez le regretter.

– Un chat ! s'exclamèrent les trolls. Minou, minou. Nous adorons les chats.

Ils grimpèrent alors sur l'ours et se pendirent à ses oreilles.

– Tiens, minou. Nous t'avons apporté du bon lait, dirent-ils en lui versant un pot de lait sur la tête.

L'ours finit par se réveiller. Et que fait un ours au réveil ? Il s'étire. D'abord une patte. Quelques trolls se retrouvèrent, hébétés, les quatre fers en l'air. Puis la deuxième. Plusieurs trolls volèrent à travers la pièce.

L'ours se leva ensuite nonchalamment. Un grand nombre de trolls qui ne réussirent pas à s'agripper à son pelage dégringolèrent sur le sol. L'ours se gratta enfin consciencieusement le dos contre le mur et bientôt, le dernier troll était tombé.

L'ours remarqua alors avec surprise ces petits trolls qui le regardaient en frottant leurs bleus et en secouant la cendre de leurs vêtements. Et comme il était toujours heureux de se faire de nouveaux amis, l'ours leur fit un large sourire, découvrant de grandes dents acérées.

– Au secours, s'écrièrent les trolls. Le chat va nous manger.

Ils se ruèrent hors de la pièce. Qui sous la porte, qui par la fenêtre, qui entre les lattes du plancher, qui par la cheminée. En un rien de temps, ils avaient disparu jusqu'au dernier.

Les trolls ne revinrent pas. Ni cette nuit-là, ni les suivantes. On ne les revit pas de tout l'hiver. Et comme l'aubergiste ne revenait pas, Nils décida de rester. À partir de ce jour, les voyageurs s'arrêtèrent de nouveau à l'auberge : on savait dans la contrée que les trolls étaient partis.

L'été revint, puis l'automne, les jours raccourcissaient. Un jour, alors que Nils balayait la première neige devant sa porte, il entendit une voix qui l'appelait dans la forêt. Nils reconnut aussitôt la voix. Quand on a entendu une fois la voix d'un troll, on la reconnaît entre mille.

– Nils ! Nous cherchons un endroit pour passer l'hiver.

– Vous êtes les bienvenus, répondit Nils. Mon chat sera très heureux de votre compagnie.

Un murmure effrayé parcourut la forêt.

– Tu as encore ce gros chat blanc ?

– Oui, répondit Nils. Et je ne serais pas surpris qu'il fasse bientôt des petits. Six ou sept, au moins.

Le murmure effrayé parcourut à nouveau la forêt, puis ce fut le silence.

– Et surtout, cria Nils, venez quand vous voulez.

Il n'obtint pour toute réponse que le piétinement de dizaines de petits pieds qui fuyaient dans la neige. Mais pour être bien sûr que les trolls ne reviendraient jamais, Nils accrocha une enseigne à la porte de son auberge.

Et savez-vous comment il l'appela ? *Le Chat Blanc*, bien sûr !

La soupe aux cailloux

Angleterre

Le conteur arriva au village un matin, sa longue cape rouge flottant dans le vent et une amusante plume d'autruche fichée dans son chapeau. Il frappa à une porte.

– Donnez-moi à manger, proposa-t-il, et je vous raconterai une histoire.

– Nous ne voulons pas de vos histoires.

– Mais, maman... commença Peter.

Mais il était trop tard, sa mère avait déjà refermé la porte au nez et à la barbe du conteur.

Peter aurait pourtant volontiers écouté une histoire. Aussi décida-t-il de suivre le conteur qui se rendait à la maison suivante.

Toc, toc !

– Une petite histoire aujourd'hui, Madame.

– Non merci, pas aujourd'hui, répondit la mère d'Émilie en refermant la porte.

Mais Émilie aurait bien aimé elle aussi écouter une histoire, et peu après elle avait rejoint Peter qui suivait toujours le conteur. « Il doit bien exister dans le village quelqu'un qui souhaiterait écouter une de ses histoires », pensaient les enfants.

Mais le conteur traversa tout le village, frappa à toutes les portes, et personne ne voulut l'écouter : les adultes n'aiment pas les histoires. Les enfants, par contre, s'échappaient des maisons pour suivre le conteur. Ils le suivaient, certes, mais de loin : ne leur avait-on pas dit de ne jamais parler à un étranger ?

Arrivé à la dernière maison, le conteur laissa échapper un soupir :
– Je crois qu'aujourd'hui encore je devrai me contenter de soupe aux cailloux, dit-il comme pour lui-même.
Il fit un petit feu de brindilles sur la place du village et sortit une petite gamelle, on ne sait trop d'où sous sa longue cape rouge. Il remplit la gamelle d'eau et la posa sur le feu. Il se mit alors à marcher de long en large, les yeux rivés sur le sol, comme s'il cherchait quelque chose, en murmurant juste assez fort dans sa barbe pour être entendu des enfants.

« Celui-ci est trop gros, celui-là trop petit.
Celui-là est trop dur et ne sera jamais cuit.
Celui-ci est trop mat, cet autre trop luisant,
Mais vois celui-ci ! Comme il est appétissant ! »

Il regardait avec gourmandise un grand caillou plat dans le creux de sa main. Il le frotta avec son mouchoir, souffla dessus, le lava soigneusement et le mit à cuire dans sa petite gamelle.
– Une bonne soupe aux cailloux, dit le conteur. Je ne connais rien de meilleur.
Il s'assit sur une grosse pierre en attendant que l'eau bouille.
Les enfants formèrent un cercle autour de lui, mais pas trop près, il n'était encore qu'un étranger !
« Une soupe aux cailloux », s'étonnèrent-ils. Jamais ils n'auraient cru que l'on puisse faire une soupe avec des cailloux !
L'eau commença à frémir joyeusement. Le conteur sortit une cuillère, on ne sait trop d'où sous sa longue cape rouge. Il la plongea dans l'eau bouillante et souffla dessus pour la refroidir.
– Hum ! s'exclama-t-il. Pas mauvais. Quoiqu'une pincée de sel apporterait un je ne sais quoi...

Sans un mot, Émilie courut à la maison chercher une pincée de sel. Elle la donna au conteur qui la mit dans la gamelle.

Les enfants ne quittaient pas des yeux le conteur qui goûta à nouveau la soupe.

– C'est déjà mieux, décréta-t-il. Mais ce serait encore meilleur avec un petit bout de viande.

Peter revint, essoufflé, quelques instants plus tard, avec un petit morceau de lard qu'il avait volé dans le garde-manger. Et le lard rejoignit le sel dans la petite gamelle.

Assis sur sa pierre, le conteur remua la soupe et la goûta à nouveau.

– Une bonne soupe aux cailloux, s'exclama-t-il, quoique... une vraie soupe aux cailloux supporte toujours un peu d'oignon.

À peine avait-il formulé ce souhait que l'oignon nageait avec le lard dans l'eau salée de la petite gamelle.

Satisfait, le conteur remua la soupe et la goûta à nouveau. C'était presque parfait, décréta-t-il cette fois. Quoique... quelques rondelles de carotte... ou plutôt quelques pois... à moins que ce ne fût une belle tomate... et, comment n'y avait-il pas pensé plus tôt, une poignée d'orge.

L'orge et la tomate, les pois et la carotte rejoignirent tour à tour le lard et l'oignon dans l'eau salée de la petite gamelle.

Le conteur remua à nouveau, plongea sa cuillère dans la soupe brûlante, souffla pour la refroidir et la goûta une dernière fois.
– Une soupe de cailloux comme je les aime, déclara-t-il les narines frémissantes.
Il faut dire qu'elle sentait bon, cette soupe de cailloux. Qui aurait pu croire qu'une soupe de cailloux pût sentir si bon ?
Le conteur retira alors la gamelle du feu. Il but la soupe, mangea les légumes, l'orge et le lard, puis il sortit le caillou avec sa cuillère.
– Point n'est besoin de cailloux pour faire une bonne soupe aux cailloux, s'écria-t-il en le jetant au loin.
Il enleva son chapeau et salua dans une révérence le public des enfants.
– Le marché est correct, leur dit-il. Vous m'avez donné à manger et je vous ai raconté une histoire.
– Mais quelle histoire ? demanda Peter.
– La soupe aux cailloux, répondit le conteur dans un grand sourire. Puis il remit son chapeau et partit du village, sa longue cape rouge flottant dans le vent.
Il n'y eut bientôt dans le village plus une seule maman qui ne sût faire la soupe aux cailloux ! La vraie, celle racontée par leurs enfants.

Le plus petit garçon du monde

Japon

Timimoto était si petit qu'il fallait se baisser pour le voir. Il mesurait tout juste cinq centimètres du sommet du crâne à la pointe des doigts de pied, ce qui n'empêchait pas ses parents de l'aimer comme s'il avait été un garçon de taille normale.

– Il grandira quand il en aura envie, disait son père. En attendant, il est très facile à nourrir.

– Il est si facile à garder, renchérissait sa mère. Il me suffit de le mettre dans ma poche.

Mais un jour, Timimoto en eut assez de vivre dans la poche de sa mère et il voulut en descendre.

– Fais attention de ne pas tomber dans le lait, lui dit sa mère. Du moins aussi longtemps que tu ne sauras pas nager.

Timimoto descendit très prudemment le long de la robe de sa mère et sauta sur le sol. Dès lors, il se révéla aussi espiègle que tous les garçons de son âge. Comme eux, il faisait mille bêtises et pourchassait les poussins jusque dans la cuisine sous le regard courroucé des poules. Un jour, le chat le prit pour une souris. Mais celui-ci s'aperçut vite de son erreur. Une souris ne donne pas de grands coups de poing dans le museau en criant : « Lâche-moi, espèce de goinfre ! »

Le chat le lâcha, mais Timimoto avait eu peur. À partir de ce jour, il décida de ne jamais se séparer de son épée, une épingle à cheveux qu'il avait prise à sa mère.

Il découvrit un jour le ruisseau au fond du jardin. Il emprunta à son père son bol et ses baguettes pour manger le riz, et se laissa bercer par le courant dans ce bateau de fortune. Ses parents refusaient de faire plus attention à lui uniquement parce qu'il était si petit.

– Les garçons aiment l'aventure, disaient-ils.

Mais ils étaient loin de se douter de la grande aventure qu'allait bientôt vivre leur enfant.

Un jour, alors que Timimoto somnolait dans le bol de son père, bercé par le clapotis du courant, il plut très fort dans les montagnes. Le petit ruisseau se transforma alors en un torrent tumultueux qui emporta Timimoto au loin. Quand le garçonnet se réveilla, son bol tournoyait dans les remous au milieu d'une grande rivière.

La rivière entraîna Timimoto toujours plus loin vers la mer. Il croisa bien quelques bateaux mais aucun ne remarqua le minuscule esquif jusqu'au moment où il heurta le bateau d'un passeur. L'homme repêcha le bol et découvrit Timimoto.

– Tiens, tiens, s'étonna-t-il. Qui es-tu ?

– Je m'appelle Timimoto et je suis le plus petit garçon du monde. Vous avez certainement entendu parler de moi, tout le monde me connaît dans le village.

– Ici, personne ne te connaît, répondit le passeur. C'est une grande ville.

Timimoto regarda la rive et ce qu'il vit l'étonna beaucoup. Pas un champ, pas un arbre, pas un animal, pas même un oiseau. Rien que des bâtisses énormes et une foule immense ! Des centaines, des milliers de personnes.

– Pourriez-vous m'emmener là-bas ? demanda-t-il.

– Oui, mais fais bien attention à ce que l'on ne te marche pas dessus, le prévint le passeur en le déposant, quelques instants plus tard, sur la berge. Et surtout, ne sors pas après la tombée de la nuit, ou l'ogre te mangera.

– Un ogre ! Quel ogre ? s'exclama Timimoto alors que le bateau repartait vers le milieu du fleuve.

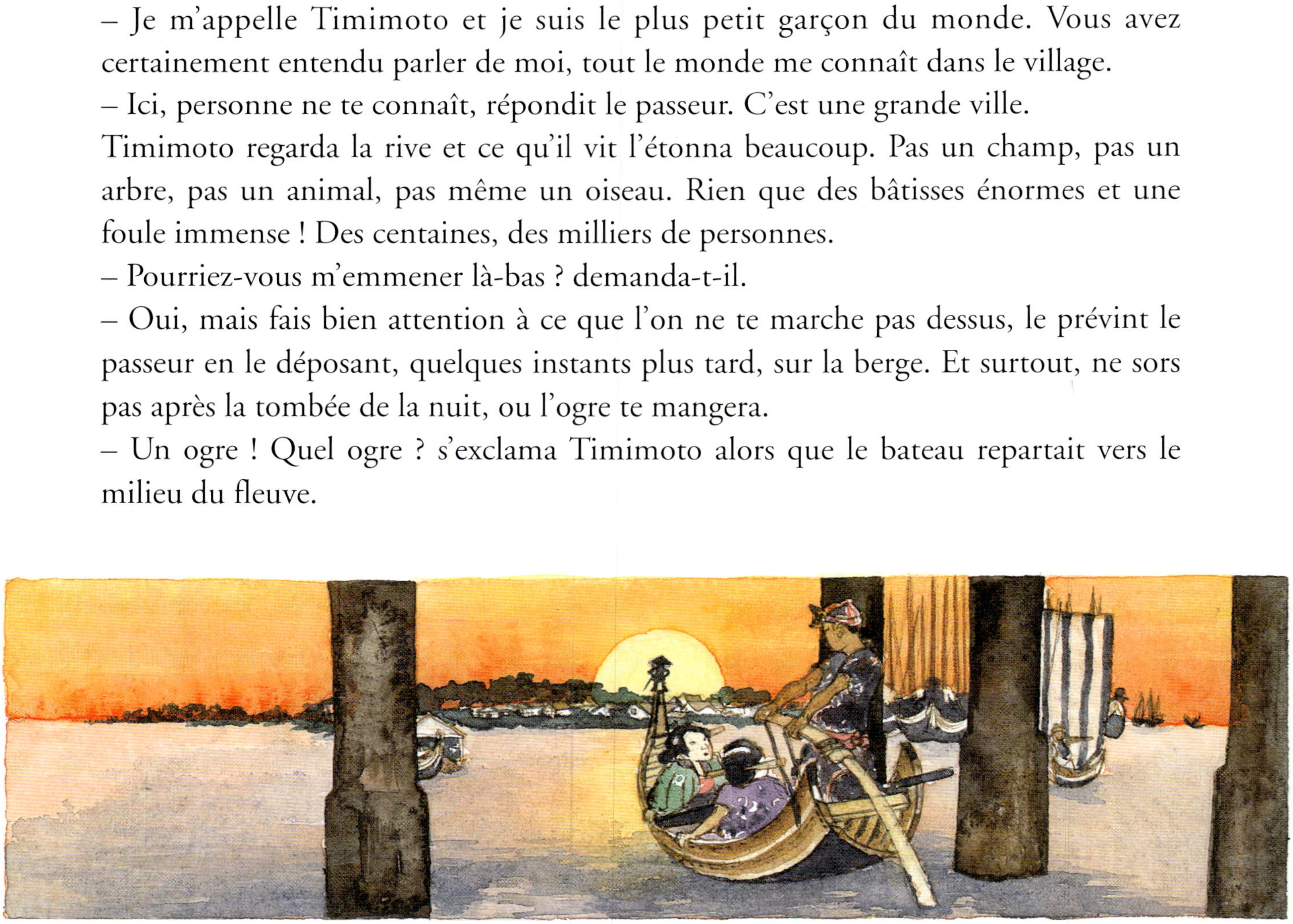

– Un ogre qui mange des hommes, cria le passeur.

Un ogre est une sorte de géant. Aussi pourquoi Timimoto aurait-il eu peur de l'ogre puisque pour lui tous les hommes étaient des géants ? Et en outre, aucun ogre ne voudrait le manger, car, comme disait sa mère, il en ferait à peine une bouchée. Timimoto se sentit toutefois rassuré en portant la main sur l'épée qui pendait à son côté.

À la nuit, tous les gens rentrèrent chez eux et barricadèrent portes et fenêtres. Au loin dans le crépuscule, une vague énorme se dirigeait vers la côte. Une créature immense couverte de coquillages et d'algues en émergea soudain. Elle avait une rangée de grosses épines dans le dos et un énorme œil rouge au milieu du front.

– Ainsi, c'est un ogre, se dit Timimoto plus intrigué qu'inquiet.

La grande vague se brisa contre la côte et l'eau envahit les rues. Quand elle se retira le sol était jonché d'algues, de poissons et de crabes, et elle déposa Timimoto, hébété, sur la plage, face au monstre qui sortait de l'eau.

– OÙ EST MON DÎNER ? rugit le monstre qui, d'un coup de pied rageur, écrasa trois bateaux de pêcheurs sur le sable. J'AI FAIM ! JE VEUX MANGER !

D'un revers de main, il écrasa une maison qui s'écroula comme un vulgaire château de cartes et il se mit à chercher de la chair humaine dans les ruines.

– Arrête ! s'écria Timimoto en plantant son épée dans un doigt de pied du monstre.

L'ogre rugit de douleur.

– Retourne d'où tu viens, espèce de grande brute, gronda Timimoto en enfonçant son épée dans le gros orteil du monstre.

– Aïe, s'écria le monstre. Des moustiques !

Timimoto se prépara à défendre chèrement sa vie à la pointe de son épée quand le

monstre cala son pied sur l'autre genou pour se gratter. Timimoto sauta sur l'autre jambe, et, se hissant à l'aide des algues, sautant d'un coquillage à l'autre, il escalada le corps du géant. Celui-ci en oublia jusqu'à sa faim. Il sautait sur place de douleur en faisant de grands moulinets de bras pour écraser ce moustique à chaque fois qu'il le piquait. Il entendit soudain un bourdonnement à son oreille, ou plutôt comme une petite voix qui disait :
– Tu n'es qu'un gros sac d'air, et je n'ai pas peur de toi !
– Tu n'es pas un moustique, dit le géant. Qui es-tu alors ?
– Je suis Timimoto, le garçon le plus petit du monde !
L'ogre se frappa si violemment dans le cou pour l'écraser qu'il faillit bien s'assommer. Quant à Timimoto, il avait déjà repris son ascension. L'ogre eut beau tourner son énorme œil rouge dans tous les sens, il ne put apercevoir Timimoto qui, tenant fermement son épée à deux mains, le défiait au sommet de son crâne : la lame s'enfonça dans l'œil de l'ogre.
Le géant s'écroula, comme foudroyé, mais il ne tomba pas comme un arbre dans la tempête. Ce fut plutôt comme un sifflement strident qui s'échappait entre ses dents. L'ogre rendit son dernier souffle et Timimoto soupira de soulagement. Le monstre était mort.

Il se passa alors une chose étrange. Timimoto se mit à grandir. Avant même qu'il ne se soit rendu compte de rien, il avait atteint cinquante centimètres, puis soixante-quinze, et enfin un mètre, un mètre cinquante, un mètre soixante-quinze.
– Je ne veux pas devenir un géant ! s'écria-t-il.
Il se pinça le nez, retint son souffle aussi longtemps qu'il put, et cessa soudain de grandir. Il était alors un beau jeune homme de près de deux mètres. Beau et riche, car on avait promis une forte récompense à qui libérerait la ville de ce monstre.
Remontant le courant de la rivière, Timimoto prit ensuite le chemin de la maison.
– Timimoto, est-ce bien toi ? s'exclama sa mère en le voyant arriver.

Courtisans, soldats et serviteurs, tous ceux à qui le roi posa cette question répondirent la même chose : ils se lavaient tous.

Le roi se sentit mal à l'aise.

– Aujourd'hui, déclara-t-il, je me lave. Ici et maintenant, dans cette rivière.

Il y eut un grand remue-ménage, le temps pour ses serviteurs de rassembler savons, éponges, torchons et talcs dignes de sa peau royale. On dressa un paravent dans la rivière pour que le roi puisse se laver en paix.

Tout le monde retint sa respiration quand le roi entra dans l'eau. Mais à peine le courant avait-il emporté les premières bulles de savon que le roi commençait à chanter.

– Il faudra que je me baigne plus souvent, dit le roi en sortant de l'eau. Peut-être même dès l'an prochain.

Il se sécha et enfila de magnifiques vêtements propres. C'est alors qu'il remarqua que ses pieds étaient à nouveau sales. Aurait-il pu seulement en être autrement : la berge était couverte de poussière !

Le roi retourna dans l'eau, se lava à nouveau les pieds et revint sur la berge. Ses pieds étaient à nouveau sales.

– Cette berge est poussiéreuse, dit le roi. Qu'on la nettoie.

Chacun s'affaira, qui avec un seau, qui avec un balai ou une brosse et bientôt, la berge fut propre. Mais à peine le roi avait-il fait quelques pas sur la berge que ses pieds étaient encore plus sales qu'avant. Aurait-il pu seulement en être autrement : la berge détrempée était couverte de boue !

Le roi retourna dans l'eau, se lava les pieds et revint sur la rive. Il le fit une fois, deux fois, trois fois et il le ferait encore si une fillette (vous aurez deviné laquelle !)

n'était pas allée chercher sa plus belle peau de chèvre et ne l'avait étalée sur le sol devant le roi.

Le roi sortit de l'eau, fit un pas, puis deux, trois et même quatre, et ses pieds étaient toujours propres. Mais il était arrivé au bord du tapis.

Les habitants du village allèrent aussitôt chercher tapis, couvertures et châles et en couvrirent le chemin jusqu'au palais. Le roi était certes content, mais il aurait souhaité pouvoir visiter ainsi tout son royaume.

– Que l'on couvre mon royaume de tapis, ordonna-t-il. Ainsi, mes pieds seront propres où que j'aille.

À compter de ce jour, le roi eut toujours les pieds propres, mais personne ne vint plus le saluer quand il arrivait suivi de ses courtisans, de ses serviteurs, de ses soldats et de ses éléphants. Les gens le regardaient de loin, l'air triste.

Un an plus tard, le roi revint à la rivière pour y prendre un nouveau bain. Personne ne vint l'accueillir, si ce n'est une fillette. Dois-je vous dire laquelle ?

– Pourquoi les gens ne viennent-ils pas m'accueillir ? lui demanda le roi. Je ne sens pourtant plus mauvais !

– Juste un peu, répondit la petite fille. Il est vrai qu'un an avait passé depuis le premier et dernier bain du roi.

– Mais pourquoi sont-ils si tristes ?

– Ils n'ont rien à manger, répondit la petite fille. Tu as recouvert ton royaume de tapis en cuir et plus rien ne pousse.

Le roi regarda pensivement ses pieds propres.

– Que faire ? dit-il. Je ne vais tout de même pas me salir les pieds en marchant !

– Une chance que je fasse marcher ma tête ! soupira la fillette.

Elle revint quelques instants plus tard avec une paire de ciseaux. Elle découpa le tapis en cuir autour du pied gauche du roi, puis autour du pied droit. Puis elle lia les petits morceaux de cuir aux pieds du roi avec des lacets de cuir qu'elle noua autour de sa cheville.

– Et voilà, dit-elle. Tu as maintenant tes propres morceaux de cuir aux pieds. Et tes pieds resteront propres où que tu ailles.

C'est ainsi que fut faite la première paire de chaussures. Et bientôt, dans le royaume, on découpa les tapis en cuir. Tout le monde eut sa propre paire de chaussures... et les pieds propres.

Le renard et le coq

France

Tout eut été pour le mieux dans la plus paisible des basses-cours, sans Goupil le Renard. Roussette la Poule rêva cette nuit encore de ce renard rusé, à la longue queue touffue, aux dents acérées et au regard gourmand.

– Je suis là, la rassura Chanteclerc, son mari. Il ne peut rien t'arriver.

– Mais ce n'est pas moi qu'il veut manger, répondit Roussette. C'est toi !

– Allons, ce n'était qu'un rêve ! la rassura Chanteclerc en lui donnant un petit coup de bec affectueux. Ne me parle plus de ce renard. J'ai mieux à faire. Je dois réveiller le soleil pour que la journée puisse commencer.

Il traversa la cour d'un air important, non sans jeter un petit coup d'œil dans la mare pour s'assurer que ses plumes étaient bien lissées, puis il monta dignement sur le tas de fumier. Son chant se répercuta sur les collines et le soleil pointa le bout de ses rayons.

Chanteclerc descendit en toute hâte quand la fermière vint donner à manger aux poules. N'était-il pas de son devoir de faire régner l'ordre dans la basse-cour ?
– Pourquoi Roussette mange-t-elle toujours la première ? se plaignirent les poules.
– C'est elle qui pond le plus d'œufs, répondit Chanteclerc.
– Bien sûr, puisque c'est elle qui mange le plus !
Chanteclerc avait fini son petit déjeuner et s'apprêtait, comme chaque matin, à faire une petite sieste dans la paille quand il vit deux yeux brillants qui le fixaient avec convoitise.
Goupil le Renard ! Exactement comme dans les rêves de Roussette !
Chanteclerc hérissa sa crête, prêt à donner l'alarme.
– S'il te plaît, dit alors le renard, chante encore une fois.
Chanteclerc le regarda avec méfiance.
– Ne veux-tu pas me manger ?
– Te manger ! répondit le renard. J'ai mieux à faire que manger et dormir dans la vie. J'aime le parfum des fleurs et le ballet des papillons dans le ciel. Mais ce que j'aime par-dessus tout, c'est ton chant qui réveille le monde chaque matin.
– C'est vrai ? s'exclama Chanteclerc flatté.
– S'il te plaît, chante encore une fois. Rien que pour moi.
– D'accord, mais reste où tu es et ne t'approche pas de moi.
– Je te le promets, dit le renard en se couchant dans le foin, le menton délicatement posé sur ses pattes. « Il me fera trois bons repas », pensait-il en regardant Chanteclerc qui chantait à pleine poitrine.
– Tu as bougé, s'exclama soudain ce dernier.
– Est-ce possible ? s'excusa le renard. Je suis désolé. Je t'en prie, continue.
Chanteclerc se remit à chanter. Doucement, tout doucement, le renard rampa vers le coq. Si doucement qu'il se retrouva tout près de Chanteclerc quand il eut fini de chanter.

– Magnifique ! soupira-t-il alors. Jamais je n'ai entendu un coq chanter aussi bien que toi. Sauf peut-être…
– Sauf qui ? demanda le coq.
– Sauf peut-être ton père. Je le vois comme s'il était devant moi. La poitrine gonflée, le cou tendu vers le ciel. Et quand il fermait les yeux, son chant avait la pureté de la voix d'un ange.
« Je vais essayer en ne fermant qu'un œil », pensa Chanteclerc. « Pour voir si cela fait une différence. »
Et quelle différence ! Chanteclerc pouvait la voir dans le regard brillant du renard. Jamais encore il n'avait chanté aussi haut et aussi fort. Peut-être même Chanteclerc atteindrait-il cette note qu'il n'avait jamais réussi à atteindre jusqu'à ce jour. L'imprudent ferma le deuxième œil, juste un instant, et son chant glorieux mourut en un petit cri étranglé… par les dents acérées du renard qui lui avait sauté dessus.
– C'est le renard ! s'exclama Roussette en voyant Goupil s'enfuir, Chanteclerc dans la gueule. Exactement comme dans mes rêves !
Les poules se mirent à courir dans tous les sens en poussant des petits caquètements affolés. Le paysan sortit juste à temps pour voir le renard se faufiler sous la clôture. Il lâcha aussitôt les chiens à ses trousses, mais sans grand espoir de le rattraper.
– Ne pourrais-tu pas serrer un peu moins fort ? lui demanda péniblement Chanteclerc.
Le renard avait mieux à faire que de desserrer les dents pour répondre.
– Qui réveillera le soleil si je ne suis plus là ? Qui fera régner l'ordre dans la basse-cour ? Ma pauvre Roussette ! Je suppose que tu ne veux pas me relâcher.
Le malheureux coq n'obtint pas davantage de réponse.
– Est-ce comme cela que tu as attrapé mon père ?

Derrière, les chiens semblaient avoir abandonné la poursuite... et Chanteclerc à son triste sort.

– Tu m'as bien eu, dit-il enfin. Je mérite ce qui m'arrive. Mais imagine un peu ce pauvre fermier : le poing levé, la moustache frémissante de colère. Tu dois brûler de lui dire qu'il a l'air ridicule et qu'il est tout juste bon à compter ses poules.

Le renard se rappelait bien le nombre de fois où le fermier et ses chiens l'avaient mis en fuite. Mais, cette fois-ci, il tenait sa revanche. Il était hors de portée du fusil et des chiens, et ce gros coq bavard était au fond de son estomac. Ou tout comme. Et voilà ce qu'il dirait à cet idiot de paysan :

– Je suis Goupil le Renard. Et je suis bien plus malin que toi !

L'imprudent desserra les mâchoires, juste un instant ! Et son cri de victoire mourut en un glapissement d'impuissance : Chanteclerc avait trouvé refuge sur un arbre tout proche.

– Descends de là ! cria le renard.

– Pour que tu me manges ? Non merci, le nargua Chanteclerc.

– Tu as dit que je t'avais bien eu et que tu méritais d'être mangé.

– Oui, et maintenant tu as faim et tu le mérites. Que cette aventure nous serve de leçon. Ne fermons jamais les yeux quand ils doivent être ouverts. N'ouvrons jamais la bouche quand elle doit être fermée.

La chanson d'Hinemoa

Nouvelle-Zélande

Hinemoa était une belle jeune fille au regard brillant comme le rayon de la lune et à la voix douce comme le murmure du vent dans les herbes sèches. Beaucoup d'hommes auraient aimé se marier avec Hinemoa, des guerriers, des chefs même, mais aucun d'eux ne trouva grâce auprès de son père, jusqu'au jour où...

... Tutanekai traversa le lac pour assister à la réunion des chefs dans le village d'Hinemoa. Celle-ci tomba aussitôt amoureuse du jeune homme. Tutanekai se garda bien de croiser le regard d'Hinemoa. Il était très amoureux d'elle, mais n'osait pas la demander en mariage. La vie n'aurait plus de sens pour lui si son père refusait.

Le conseil des chefs terminé, Tutanekai retourna dans son village. Mélancolique, il se fit une petite flûte de roseau et se mit à jouer. C'était une mélodie douloureuse, pleine de son amour pour la belle Hinemoa. La brise l'emporta au-delà des flots, de l'autre côté du lac, jusqu'au village d'Hinemoa. Hommes, femmes et enfants, tous sentirent un inexplicable sentiment de gaieté mêlée de tristesse envahir leur cœur. Seule Hinemoa comprit le tendre message :

« Hinemoa, je t'aime plus que ma propre vie.
Que m'importe la vie, si tu es loin de moi. »

« Mais qui est donc ce joueur de flûte ? » se demandait Hinemoa en écoutant cette mélodie qui l'appelait du fond de la nuit.
Quand tout le village fut endormi, Hinemoa descendit sur la berge, se déshabilla et se glissa dans l'eau du lac. L'eau était froide, froide comme la mort ! Hinemoa se mit à nager vers la rive lointaine. Elle ne sentait plus ses pieds ni ses mains, le froid s'insinuait au plus profond de son corps, et quand elle arriva sur la berge, son sang était comme figé dans ses veines. La musique s'était évanouie.
« Qu'est-ce que je fais ici ? » pensa Hinemoa. « Si je meurs de froid et de solitude, personne ne comprendra pourquoi. » Elle vit alors un nuage argenté qui montait dans la lueur de la lune. C'était la vapeur d'une fontaine d'eau chaude. Hinemoa rentra dans l'eau, et, lentement, ses pieds et ses mains revinrent à la vie. Mélancolique, Hinemoa chantonna la mélodie qui l'avait entraînée jusqu'ici.
Un jeune chasseur qui rentrait au village l'entendit. Terrorisé, il courut annoncer la terrible nouvelle. Un esprit ! Il avait vu un esprit dans la fontaine d'eau chaude ! Ou plutôt, il avait entendu son chant, un chant si mélodieux qu'on ne pouvait résister à son appel.
– Nous devrons éviter la fontaine d'eau chaude maintenant, dit-il.
– La fontaine est un endroit bénéfique, dit Tutanekai. Nous devons être agréable avec cet esprit, et il sera bienveillant envers nous.
Pour bien montrer qu'il n'y avait rien à craindre, Tutanekai se rendit à la fontaine. Il aperçut une silhouette dans la vapeur argentée.
– Es-tu un esprit ? lui demanda-t-il doucement pour ne pas l'effrayer.
– Non, répondit Hinemoa. Et toi ?
– Je suis Tutanekai, le chef du village, répondit-il en riant. Ne reste pas là. Nous te donnerons à boire et à manger et t'offrirons un gîte pour la nuit.

Tutanekai ! Le cœur d'Hinemoa se mit à battre plus fort en entendant ce nom. Mais que penserait-il d'elle, petite sotte qui s'était jetée nue dans l'eau froide du lac sous le charme d'une mélodie ! De honte, elle cacha son visage dans ses mains. Tutanekai l'enveloppa dans sa houppelande et l'entraîna vers le village.
– Retournez dormir, dit-il aux villageois. Ce n'est pas un esprit, mais une femme.
Une femme ? D'où pouvait-elle bien venir ? Pourquoi cachait-elle son visage ? Était-elle si laide ?
Hinemoa, seule dans la hutte de Tutanekai, ne trouvait pas le sommeil. Elle n'avait pas davantage touché à la nourriture que lui avait apportée le jeune homme.
Assis au clair de lune, celui-ci se laissait emporter par ses pensées au loin, de l'autre côté du lac, auprès de la belle Hinemoa. Il prit sa flûte et se mit à jouer.

« Hinemoa, je t'aime plus que ma propre vie... »

Hinemoa entendit la mélodie comme à travers un rêve, et elle ne put résister à son appel. Elle se glissa hors de la hutte et vit son joueur de flûte, Tutanekai.
Tutanekai leva les yeux. Le regard d'Hinemoa, brillant comme le rayon de la lune, inonda son visage.
Peu de temps après, Hinemoa et Tutanekai se marièrent. Face à un tel amour, comment le père d'Hinemoa aurait-il pu refuser ?
La vapeur de la fontaine s'élève toujours vers le ciel dans la lumière argentée de la lune. Mais elle répond maintenant au doux nom d'Hinemoa.